12 mètres de haut

Le brachiosaure exposé au muséum de Berlin est le plus grand squelette monté de dinosaure au monde. Il est aussi haut qu'un immeuble de cinq étages.

9 mètres

Le mamenchisaure possède le plus long cou de tous les dinosaures.

70 kilomètres à l'heure

Le dromiceiomimus et le gallimimus courent aussi vite qu'un cheval de course.

9 kilos

C'est le poids des plus grands œufs de dinosaures connus. Découverts en Chine, ils mesurent 50 cm de long.

70 tonnes

Aujourd'hui, les savants pensent que les dinosaures les plus lourds pèsent dans les 70 tonnes. C'est tout de même le poids de dix éléphants !

Pour Rudy,
fan de petites
et de grosses bêtes.

Réalisation graphique : Jean-François Saada
Cet ouvrage a été réalisé avec la collaboration d'Yves Lignereux (relecture scientifique) et de Mily Cabrol (mise en pages).

300, rue Léon-Joulin, 31101 Toulouse Cedex 9, France.

Loi 49-956 du 16 juillet 1949 sur les publications destinées à la jeunesse.
Dépôt légal : 1er trimestre 2014.
ISBN : 978-2-7459-6295-9

Wakou
ma p'tite encyclo nature

les dinosaures

Natacha Scheidhauer
illustré par Florence Dellerie,
Maximiliano Luchini
et Adrien Menielle

MILAN

Le sommaire

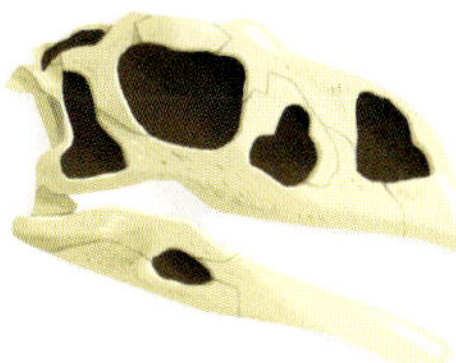

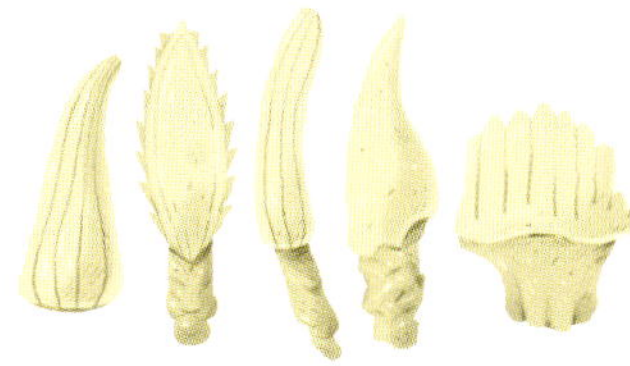

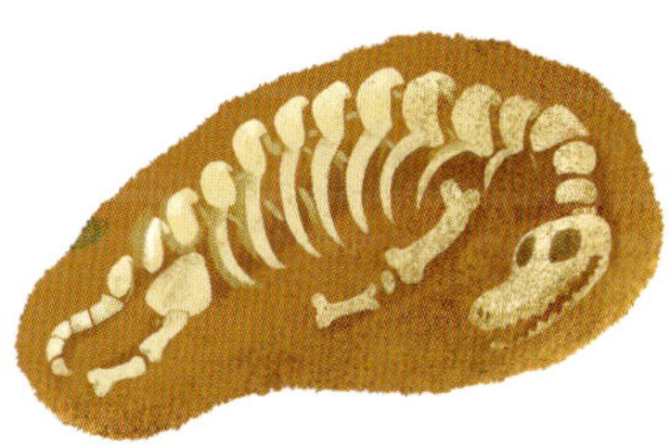

De plus près

Au temps des dinosaures

Les dinosaures ont vécu sur la Terre bien avant les hommes. D'ailleurs, ils ne se sont jamais croisés.

La vie sur Terre

Quand les dinosaures apparaissent sur Terre, on trouve déjà de petites bêtes microscopiques, des poissons, des plantes et quelques animaux terrestres. Puis, les dinosaures disparaissent. Et l'homme apparait 65 millions d'années plus tard.

La Terre en mouvement

La Terre n'a pas toujours eu l'apparence que tu lui connais. À l'apparition des dinosaures, les continents ne sont pas encore séparés.

Au Trias

Trias

Trias est le nom de l'époque où apparaissent les dinosaures. Au début, ils vivent tous sur un unique continent : la Pangée.

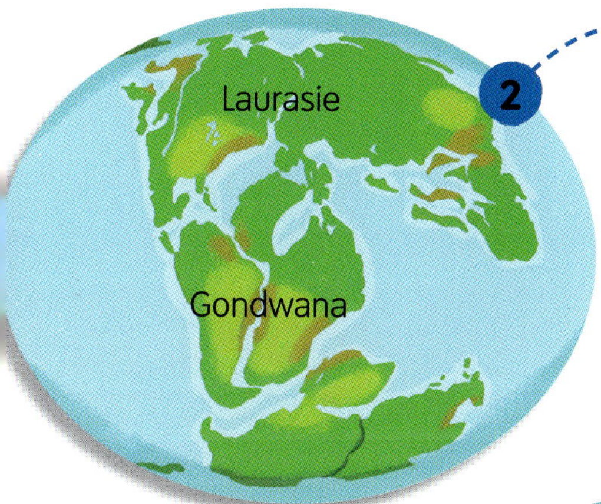

Au Jurassique

Jurassique

Puis la Pangée se divise en deux supercontinents : on trouve alors des dinosaures en Laurasie et au Gondwana.

Au Crétacé

Crétacé

Les cinq continents se forment. Sur chacun d'entre eux, on trouve des dinosaures différents.

Aujourd'hui

Les dinosaures ont disparu ! Mais il reste leurs descendants : les oiseaux !

Cherche et trouve

Tout commence au Trias

Les dinosaures sont apparus au Trias, il y a 250 millions d'années. Observe bien cette scène et retrouve les six dessins de dinosaures illustrés dans les vignettes ci-contre.

Tous les animaux précédés de sont des dinosaures.

De plus près

C'est quoi, un dinosaure ?

Il existe plusieurs sortes de dinosaures, très différentes les unes des autres. Mais ils ont des points communs qui permettent de les identifier.

Un trou dans le crâne

Tous les dinosaures ont une ouverture dans le crâne entre les yeux et les narines. Grâce à elle, leur squelette est plus léger.

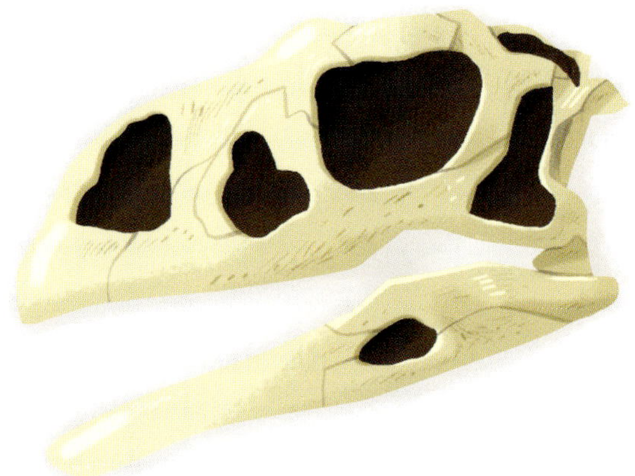

Pattes bien droites

Regarde bien les pattes d'un dinosaure. Elles sont verticales, droites sous le corps, alors que celles des crocodiles et des lézards sont latérales, partant de chaque côté du corps.

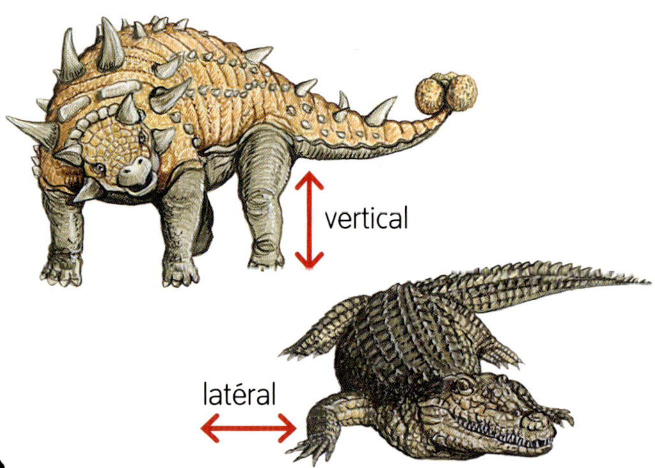

Deux groupes

Les dinosaures ont un bassin qui ressemble soit à celui des lézards, soit à celui des oiseaux.
Cette différence permet de les classe en deux groupes.

À toi de jouer !

Fabrique ta mâchoire de dino

Commence ta collection d'os de dinosaures par une mâchoire. Tu pourras ensuite l'enrichir avec des griffes, des os…

De quoi as-tu besoin ?

argile ou pâte durcissante

peinture

eau

1 **Choisis** un modèle de mâchoire d'argile, que tu auras vu dans les livres ou au musée.

2 **Pétris** une grosse boule d'argile pour l'assouplir.

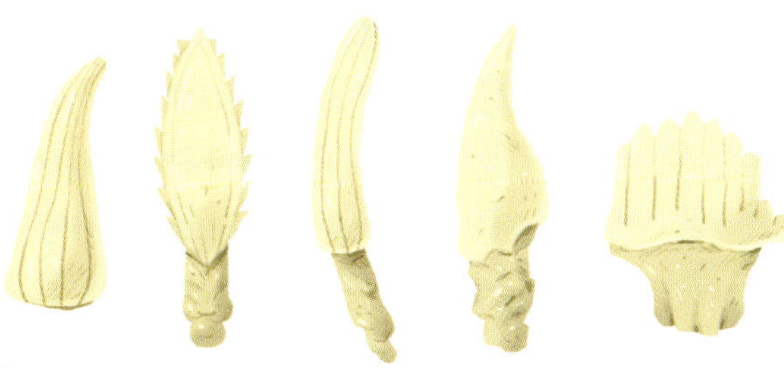

3 **Sculpte** cinq dents et attends qu'elles sèchent un peu.

4 **Forme** ensuite la mâchoire, puis plante les dents dedans avant qu'elle ne durcisse. Lisse le tout avec tes doigts humides.

5 Une fois ton fossile bien sec, **peins-le** en blanc si tu veux imiter un moulage ou bien « couleur de roche » pour faire plus vrai.

Mon imagier

Les carnivores

Les dinosaures carnivores se nourrissent uniquement d'animaux : des insectes, des poissons et même d'autres dinosaures.

Crétacé

Le microraptor

Même s'il est couvert de plumes, ce petit dinosaure ne vole pas. Il grimpe en haut des arbres, puis se jette sur ses proies.

Crétacé

Le giganotosaure

Il est encore plus grand que le tyrannosaure ! Son corps est couvert d'écailles.

Trias

L'éoraptor

C'est l'un des plus anciens dinosaures connus. À son menu : petits lézards et insectes.

Crétacé

Le vélociraptor

Malgré sa petite taille, c'est un dinosaure redoutable. En bande, il s'attaque même à de très grosses proies !

Crétacé

Le suchomimus

Son crâne ressemble à celui d'un crocodile. Il vit près de l'eau et s'attaque aux poissons et aux animaux venus boire.

Crétacé

Le droméosaure

Il poignarde ses proies avec la grande griffe de ses pattes arrière, longue de plus de 15 cm.

Crétacé

Le spinosaure

Il passe une grande partie de sa vie dans l'eau. On le reconnaît à la grande voile qu'il porte sur le dos.

Ouvre l'œil !

Le tyrannosaure

Avec sa mâchoire 10 fois plus puissante que celle d'un crocodile, c'est le plus terrible des dinosaures connus. Il croque même les os de ses proies.

La grosse tête

Le crâne du tyrannosaure mesure 1,50 mètre et ses dents sont plus longues que ta main !

Quelles griffes !

Ses griffes tranchantes sont encore plus longues que ses dents.

D'autres terreurs

Le baryonyx
Le baryonyx raffole de poissons, qu'il capture à l'aide de la griffe au bout de son pouce.

Le cératosaure
Celui-ci ressemble à un rhinocéros avec sa corne arrondie sur le museau !

Le thérizinosaure
Quand on voit la longueur de ses griffes, on comprend pourquoi le nom de ce dinosaure signifie « reptile à faux ».

Un géant

Redressé, ce dinosaure atteint 4 à 5 fois la taille d'un homme adulte.

À l'attaque !

Équipés d'armes effrayantes, les dinosaures s'organisent pour mieux attaquer leurs proies.

Des armes redoutables

Becs tranchants comme des rasoirs, dents recourbées pour ne pas lâcher les proies… les carnivores sont équipés pour tuer. L'allosaure, lui, peut même élargir sa mâchoire pour mieux croquer ses proies. Quel ogre !

Une morsure qui tue !

Évidemment, tous ces dinosaures ne se lavent pas les dents, et de petits morceaux de viande pourrissent dans leur bouche. Ainsi, en mordant, ils infectent leur proie, qui meurt lentement. Ils la retrouvent plus tard à la forte odeur que dégage son cadavre.

L'union fait déjà la force

Les petits carnivores se groupent pour chasser en meute. Ils peuvent ainsi attaquer des proies 3 fois plus grosses qu'eux ! Les raptors, par exemple, bondissent puis, une fois les griffes plantées dans le flanc de leur victime, se laissent glisser jusqu'au sol.

Zoom

À qui sont ces robes ?

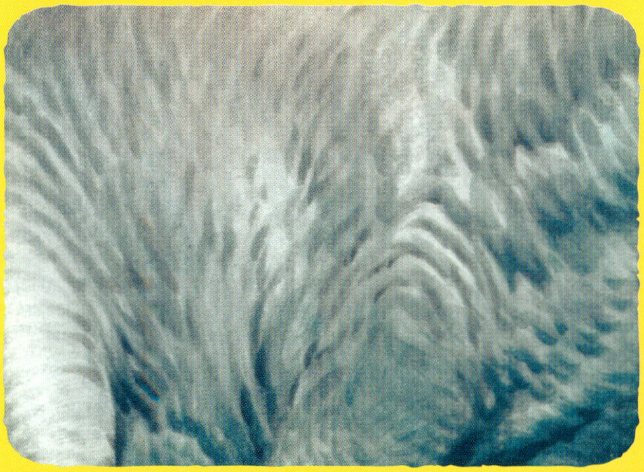

Réponses page suivante.

Zoom

À qui sont ces robes ?

Réponses

Les plumes du dilong

Les plumes de ce petit carnivore ne lui permettent pas de voler mais elles le protègent du froid.

Les écailles de l'edmontosaure

De nombreux dinosaures possèdent une épaisse peau recouverte d'écailles.

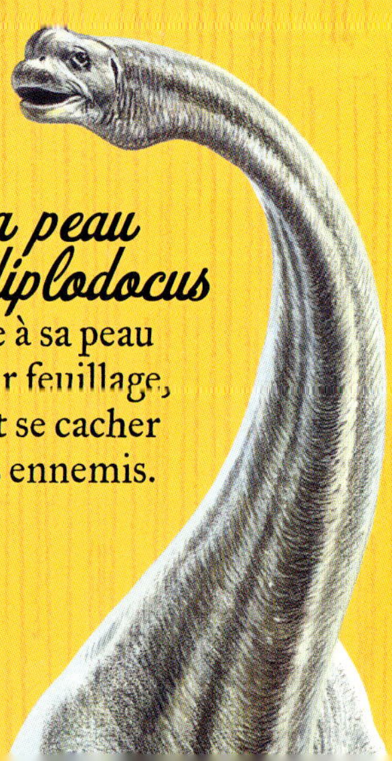

La peau d'un diplodocus

Grâce à sa peau couleur feuillage, il peut se cacher de ses ennemis.

Mon imagier

Les herbivores

Les dinosaures herbivores se nourrissent seulement de végétaux. Ils sont très différents et bien plus variés que les carnivores.

Crétacé

L'hylœosaure

Regarde sa cuirasse osseuse : en cas d'attaque, il se plaque au sol pour qu'elle le protège. Comme la tortue !

Crétacé

L'iguanodon

Il coupe les végétaux grâce à son bec corné.

Trias

Le platéosaure

C'est l'un des premiers dinosaures à posséder un long cou et à pouvoir goûter aux hautes feuilles des grands arbres.

Crétacé

L'einiosaure

Bizarre, cette corne à l'envers…
Lui sert-elle à creuser le sol
et à déterrer des racines ?

Crétacé

Le parasaurolophe

En soufflant, il produit un bruit à travers sa crête creuse. Peut-être est-ce pour appeler les autres membres du groupe ?

Jurassique

Le mamenchisaure

Il possède le plus long cou de tous les dinosaures.

Crétacé

L'argentinosaure

Avec le mamenchisaure et le diplodocus, cet herbivore est l'un des plus grands animaux terrestres de tous les temps !

Cherche et trouve

Au Jurassique

Certains dinosaures du Jurassique sont gigantesques ou couverts d'écailles. Observe bien cette scène et retrouve les dinosaures des six vignettes ci-contre.

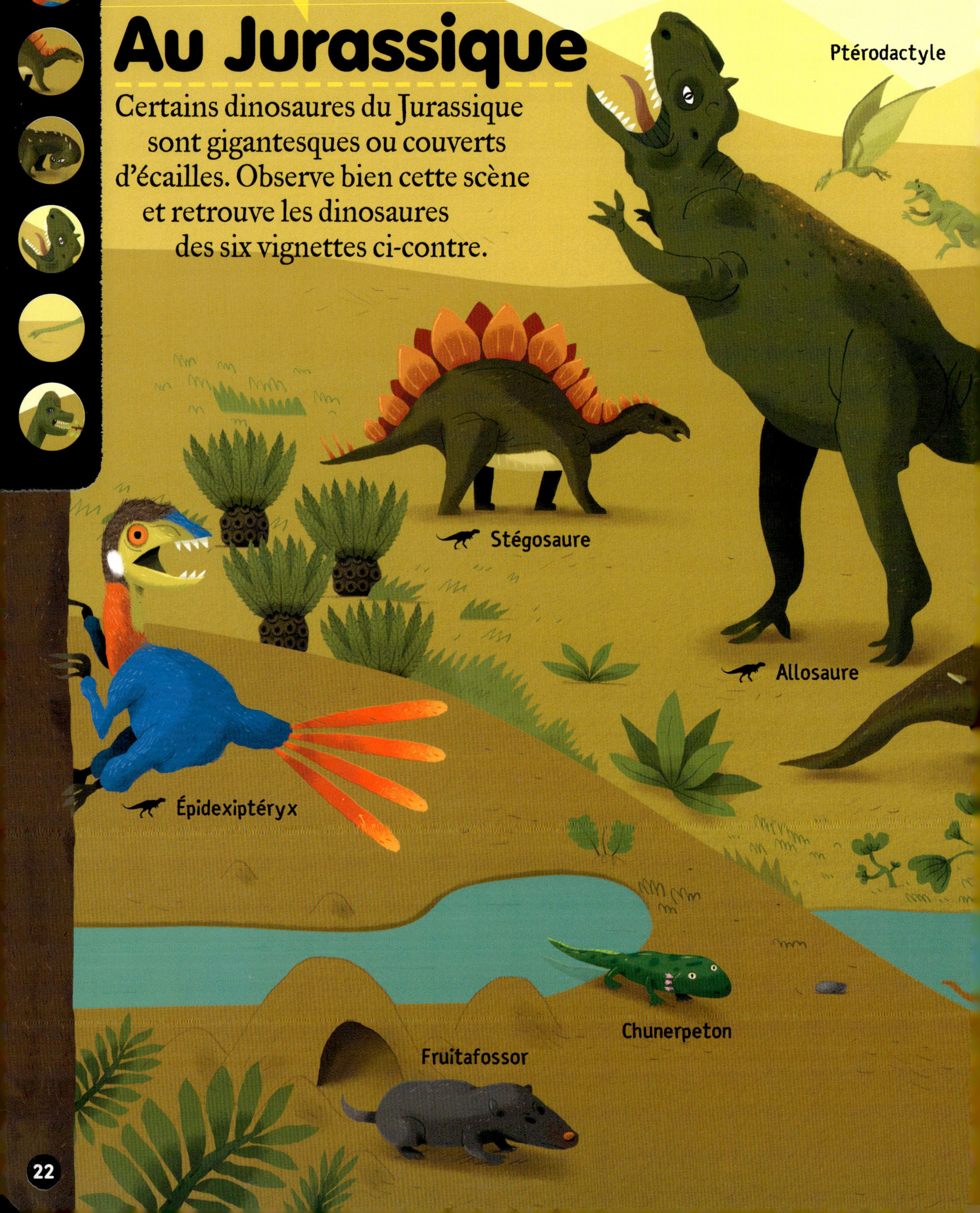

Tous les animaux précédés de [dinosaur symbol] sont des dinosaures.

Ouvre l'œil !

Le diplodocus

Plus long que 2 autobus, le diplodocus a de quoi impressionner… Heureusement, il ne se nourrit que de plantes.

Interminable

Contrairement à la girafe, le diplodocus relève rarement son cou, il le balance plutôt horizontalement au-dessus du sol.

Les longs cous

De la tête à la queue :

- L'amphicoelias : 60 m
- L'argentinosaure : 35 m
- Le mamenchisaure : 35 m
- Le sauroposéidon : 28 m
- Le supersaure : 33 m

Ces sauropodes (grands herbivores à quatre pattes) possèdent les plus longs cous du règne animal. Ce sont surtout les plus grands animaux terrestres ayant jamais existé.

Pas commode !

Schlack ! Il fait claquer sa longue queue comme un fouet. Pour frapper ses prédateurs ou pour les impressionner ? Les savants ne sont pas d'accord…

Bien équipé

Comme les éléphants actuels, il possède d'épais coussinets sous les pattes pour amortir le poids de son corps.

De plus près

Pas touche !

Face aux carnivores, les herbivores doivent sans cesse se protéger. Heureusement, ils possèdent eux aussi des armes pour se défendre. Pas question de se laisser faire !

Attention, géants !

Les grands sauropodes ont une taille de géant. Et pour décourager leurs ennemis, ils se déplacent en troupeau. Baoum ! Baoum ! Lorsqu'ils se mettent en marche, la terre tremble sous leur poids !

Toujours sur ses gardes

À moins de se camoufler dans les buissons, il est difficile d'attaquer un herbivore par surprise : avec ses yeux situés sur les côtés du crâne, il peut voir venir le danger.

Bien équipés

Comme les tortues, certains herbivores possèdent une armure pour se protéger des griffes et des morsures. Ils peuvent en plus effrayer leurs agresseurs en balaçant leur queue couverte d'épines ou terminée par une lourde boule osseuse. Et paf !

Zoom

Quelles sont ces armes ?

Réponses page suivante.

Zoom
Quelles sont ces armes ?

Réponses

Les cornes

Six cornes sur la collerette et trois sur le museau : mieux vaut ne pas s'attaquer au styracosaure !

Les épines

Qui s'y frotte s'y pique, semble dire cet ankylosaure à ceux qui s'approchent trop près de lui.

Les griffes

Petit mais terrifiant, le deinonychus possède des griffes acérées.

Cherche et trouve

L'âge d'or du Crétacé

À cette époque, les dinosaures sont très nombreux au Crétacé. Observe bien cette scène et retrouve les six dessins des vignettes ci-contre.

Tous les animaux précédés de [silhouette] sont des dinosaures.

Mon imagier

Dans les airs

Les dinosaures n'ont jamais volé. À leur époque, le ciel est peuplé d'immenses reptiles volants, qui planent ou battent des ailes, d'insectes et des ancêtres de nos oiseaux.

Crétacé

L'ornithocheire

Il n'a pas de plumes mais une peau semblable à celle des chauves-souris. En prime, il est doté d'un drôle de bec.

Crétacé

L'ibéromésornis

Il ressemble à nos oiseaux d'aujourd'hui. Comme eux, il sait se tenir perché sur une branche.

Crétacé

L'ichtyornis

Jette un coup d'œil à sa mâchoire, et tu verras qu'elle est armée de dents !

Les insectes

Au Crétacé, la terre se couvre de fleurs. Certains insectes (abeilles, papillons mais aussi guêpes et fourmis) se développent en même temps.

Crétacé

Le ptéranodon

Malgré sa bouche totalement édentée, il se régale de poissons.

Crétacé

Le quetzalcoatlus

C'est le plus grand reptile volant connu !

Trias

L'icarosaure

Ce petit reptile « planant » mesure quelques dizaines de centimètres. Il se jette du haut des arbres pour attraper des insectes.

Jurassique

L'archéoptéryx

Il a le corps et les dents d'un reptile mais il a des plumes… C'est un ancêtre des oiseaux.

Petits dinos

Les dinosaures sont-ils de bons parents ?

Comment font-ils les bébés ? Une maman dinosaure nous répond.

Comment naissent les bébés dinosaures ?

Nous pondons des œufs, comme les poules. Bien sûr, la coquille de nos œufs est plus solide ! Mais pas trop, car il faut que nos bébés puissent la briser lors de l'éclosion.

Ces œufs sont-ils aussi géants que les mamans qui les pondent ?

Non, les œufs sont minuscules comparés à leurs parents. Mais certains dinosaures pondent quand même des œufs 7 fois plus grands que des œufs de poule.

Comment faites-vous pour couver les œufs sans les écraser ?

Les dinosaures les plus légers peuvent couver leurs œufs sans crainte. Bien sûr, pour les plus gros, c'est impossible ! Alors, ils recouvrent le nid d'herbes ou de sable afin de maintenir les œufs à la bonne température.

Et vous, les maiasaures, comment faites-vous ?

Nous avons trouvé une astuce. En construisant un nid aux parois surélevées, nous pouvons couver sans nous allonger directement sur les œufs. Plus de danger de les briser !

Que se passe-t-il après l'éclosion ?

Nous ne sommes pas comme les serpents ou les tortues, qui abandonnent leurs bébés dès la ponte ! C'est d'ailleurs pour ça que les savants nous ont baptisés *maiasaura*, ce qui signifie « bonne mère reptile ». Nous nous occupons des petits jusqu'à ce qu'ils soient assez solides pour tenir sur leurs jambes ; d'abord ils marchent à quatre pattes, puis ils apprennent à marcher sur deux pattes.

Que mangent vos bébés ?

Ils se nourrissent de végétaux, comme nous. D'autres parents dinosaures rapportent aussi de petits vers et des insectes. Nos bébés passent de 30 centimètres à la naissance à près de 4 mètres en à peine 2 ans !

Comment se débrouillent les jeunes ? Tout seuls ?

Oh, non ! Ce serait trop dangereux. Beaucoup de carnivores n'en feraient qu'une bouchée ! Alors, nous les protégeons de nos ennemis en les gardant au centre de notre troupeau.

Une histoire

Les aventures de Tanguy le dino

de Mymi Doinet

CE MATIN, TANGUY, LE TOUT PETIT DINOSAURE, se sent prêt à découvrir le monde si grand, si vaste qui s'ouvre devant lui :

– Aujourd'hui, pour la première fois de ma vie, je vais traverser le bois jusqu'à la prairie !

La forêt est belle, Tanguy parcourt les longs chemins bordés de magnolias et de pins montant jusqu'au ciel.

Le temps passe vite, voici déjà le soir. Tanguy est perdu, seul dans la nuit noire.

Soudain, Théodore, un énorme dinosaure, se précipite vers lui en claquant des mâchoires :

– Bonsoir ! Je ne t'ai jamais vu par ici ! Qui es-tu, l'ami ?

Tanguy hésite :

– Heu… je ne sais pas encore très bien qui je suis !

– Aimes-tu dévorer la viande ?

– Oui, ça doit être excellent !

– Alors, tu es un tyrannosaure comme moi ! s'écrie Théodore en tendant à Tanguy un morceau de chair fraîche.
Le petit dinosaure croque un bout, mais pouah ! le recrache aussitôt :
– J'aime pas les côtelettes, je préfère les salades d'herbes vertes !

Perché sur son arbre, Jason, le reptile volant, salue à son tour Tanguy :
– Bonsoir ! Je ne t'ai jamais vu par ici ! Qui es-tu, l'ami ?
Tanguy soupire :
– Je ne sais pas qui je suis !
– Sais-tu voler ?
– Oui, rien de plus facile !

– Alors, tu es un ptéranodon comme moi ! répond Jason, en décollant avant de planer sous la lune ronde.
Tanguy l'imite et prend son élan, mais patatras ! Il grimacc :
– Aïe, me voilà par terre !
Ouille, j'ai mal au derrière !

Tanguy a du chagrin, il est de nouveau seul et ne sait toujours pas qui il est !

Or, tout à coup, cric, crac ! Qui donc le suit ? Tanguy n'ose pas se retourner. Il n'a pourtant rien à craindre, c'est sa maman qui accourt pour le consoler :

– Que fais-tu ici à minuit, mon petit fugueur ?

Tanguy pleure :

– Je cherche qui je suis !

Alors, la maman dinosaure lui chuchote, museau contre museau :

– Tu n'as pas d'ailes mais trois cornes extraordinaires, tu n'aimes pas la viande mais tu broutes les fougères, tu es donc le plus mignon tricératops de la Terre !

Tanguy sait enfin qui il est ! Et le petit tricératops s'endort en écoutant sa maman lui raconter une belle préhistoire du soir.

À toi de jouer !

Fabrique ta piñata dino

Confectionne un œuf de dinosaure pour ta fête d'anniversaire. Puis invite tes copains à le briser à coups de bâton et découvre toutes les petits trésors à partager.

De quoi as-tu besoin ?

gros ballon

papier journal

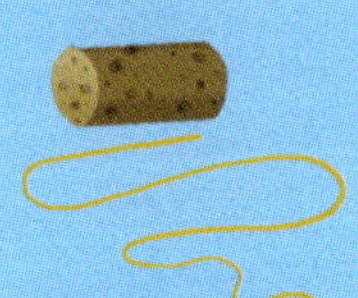

ficelle et bouchon

bonbons et figurines

colle à tapisserie, peinture

1 **Gonfle** le ballon et attache-le par une ficelle entre deux chaises. Protège le sol au-dessous pour ne pas salir.

2 **Découpe** des bandes de papier. Imbibe-les de colle et recouvres-en le ballon en laissant un trou pour pouvoir garnir la piñata. Laisse sécher 24 heures.

Recommence cette étape 2 fois.

3 Quand tout est sec, **perce** le sommet pour y glisser la ficelle. Crève le ballon et fais ressortir la ficelle par le trou pour y attacher le bouchon.

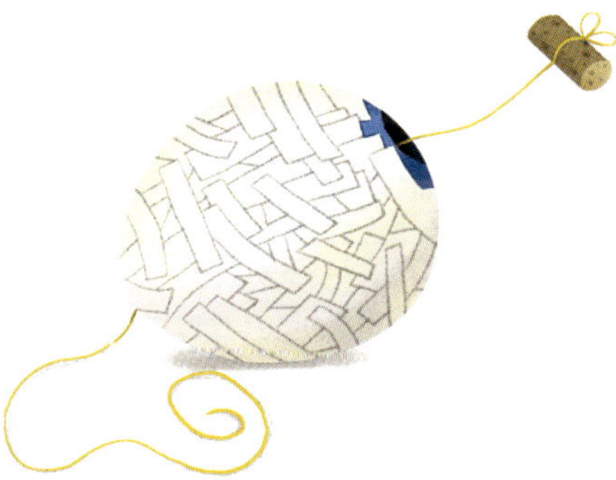

4 **Remplis** l'œuf de petits cadeaux et de grosses boules de papier froissé. Bouche le trou avec une des boules de papier.

5 **Peins** l'œuf en jaune puis utilise les plis laissés par le papier pour dessiner des craquelures avec un feutre ou une peinture plus foncée.

6 Ton œuf de dinosaure **est prêt** ! Installe-le, puis aide-le à éclore avec tes copains !

Dans les mers

Au temps des dinosaures, les océans couvrent plus de la moitié de la Terre. Mais aucun dinosaure ne vit dans l'eau. Ce qui n'empêche pas les océans et les eaux douces d'abriter de véritables montres.

L'ammonite et la bélemnite

Elles capturent leurs proies grâce à leurs nombreux tentacules équipés de ventouses ou de crochets.

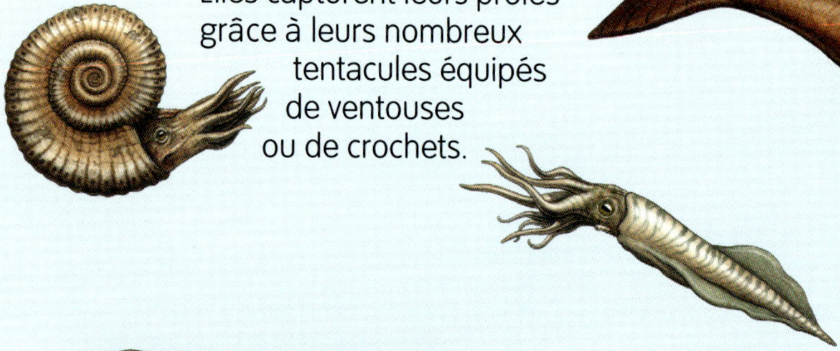

Trias Jurassique Crétacé

L'ichtyosaure

Dans sa famille, certains mesurent plus de 20 mètres. Ce reptile marin peut rester très longtemps sous l'eau sans respirer. Un sacré plongeur !

Crétacé

Le mosasaure

Il ressemble à un lézard… mais en beaucoup, beaucoup plus grand : il peut être aussi long qu'un autobus.

Huître, crabe, méduse

La prochaine fois que tu croiseras l'un ou l'autre dans ton assiette ou à la plage, pense qu'ils étaient déjà sur Terre au temps des dinosaures !

Crétacé

Le sarcosuchus

Gigantesque et protégé par une superbe armure, il est la terreur des fleuves.

Jurassique Crétacé

Le pliosaure

Il a le même ancêtre que le mosasaure mais son cou est nettement plus court. Sa mâchoire est garnie d'énormes crocs.

Jurassique Crétacé

Le plésiosaure

C'est le plus impressionnant : il a la taille d'un petit bateau de pêche.

Crétacé

L'archélon

Il est bien plus grand que les tortues actuelles. Mais, comme elles, il retourne à terre pour pondre ses œufs.

Cherche et trouve

La fin d'un monde

Il y a 65 millions d'années, un énorme morceau de roche venu de l'espace frappe la Terre. Cette météorite provoque la disparition des dinosaures et de nombreux animaux. Observe bien cette scène et retrouve les six dinosaures des vignettes, présents lors de la catastrophe.

Tous les animaux précédés de [dinosaur symbol] sont des dinosaures.

Le ginkgo
C'est l'arbre le plus ancien de la Terre. Il est apparu juste avant les dinosaures.

Kaléidoscope

Les survivants

Les dinosaures ont disparu, ne laissant que les oiseaux, leurs descendants. Mais voici d'autres espèces qui étaient déjà là au temps des dinosaures et que l'on rencontre encore aujourd'hui.

Le sphénodon
Pour le voir, il faut aller en Nouvelle-Zélande, seul endroit où on trouve encore ce reptile qui n'a presque pas évolué depuis le Jurassique !

Le métaséquoia

Il vient de Chine, mais on le trouve dans les parcs du monde entier. Tu as vu la taille de son tronc ?

Le cœlacanthe

Ce poisson a peu changé depuis son apparition 100 millions d'années avant celle des dinosaures. Il y a moins de 100 ans qu'on connait son existence, car le premier a été pêché dans l'océan Indien en 1938.

La néopilina

Elle vit dans les profondeurs des océans. Comme l'escargot ou l'huître, elle a un corps tout mou.

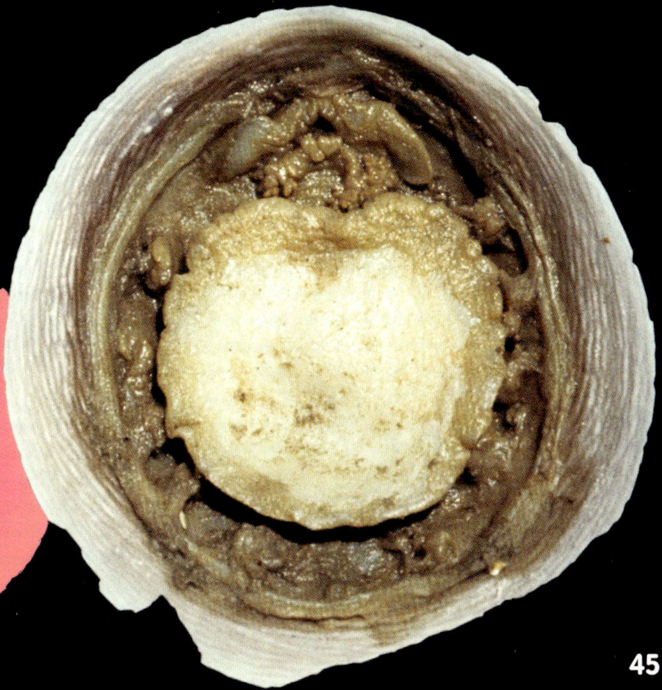

Ouvre l'œil !

La fossilisation

En général, un animal qui meurt ne laisse pas de trace. Son cadavre est dévoré et ses os sont détruits par la pluie et l'air. Mais il arrive qu'il se transforme en fossile. Ce témoignage du passé remonte parfois à la surface… pour le plus grand bonheur des paléontologues !

1 Piège mortel
En traversant le marécage, cet apatosaure s'est embourbé. Il ne peut pas dégager ses pattes de ce piège de vase !

2 La fossilisation commence
L'apatosaure est mort de faim. Son cadavre gît maintenant au fond de l'eau. La boue le recouvre peu à peu.

Portrait de fossiles

Dans la résine
Tous les fossiles ne sont pas conservés dans la roche. On retrouve des insectes piégés dans la résine qui coule du tronc des arbres.

Dans la glace
Les paléontologues ont aussi découvert des mammouths et des rhinocéros conservés dans le sol toujours gelé de la Sibérie.

Les plus courants
Les sols regorgent de fossiles d'ammonites. Certains sont aussi gros qu'une roue de tracteur.

4 Trésor enfoui
Voilà notre apatosaure fossilisé. Enfoui profondément, il reste encore invisible… Il faudra attendre que le sol s'use ou qu'un tremblement de terre le fasse remonter à la surface.

3 Un bouclier
La boue durcit, forme une protection autour du squelette. Elle va lentement le transformer en pierre. Cela peut prendre des millions d'années !

Quelle découverte !

À quelle époque et comment a-t-on trouvé les premiers fossiles de dinosaures ?

Pour le savoir, nous avons rencontré Richard Owen, le découvreur des dinosaures.

Pourquoi êtes-vous célèbre ?

Nous avons découvert des fossiles dans la campagne anglaise et j'ai compris avant tout le monde qu'il s'agissait d'animaux encore inconnus. Je leur ai donné le nom de dinosaures, ce qui signifie « lézards terrifiants ».

C'était quels dinosaures ?

Un mégalosaure et un iguanodon. Ça n'était pas la première fois que l'on déterrait des os de cette taille : on en avait déjà découvert en Chine ou autour de la mer Méditerranée. Mais on pensait qu'ils appartenaient à des dragons ou des géants. Moi, je n'ai pas cru à ces légendes...

Votre découverte a t-elle fait du bruit ?

Oui, car le public a tout de suite été fasciné par les dinosaures ! Et beaucoup de savants sont alors partis à la recherche de fossiles. En quelques années, plus de cent espèces ont été découvertes !

Lesquelles, par exemple ?

Des allosaures, des diplodocus, des stégosaures… Souvent, les spécialistes des fossiles, appelés paléontologues, ne ramenaient que quelques os, car les squelettes entiers sont rares. Mais il y a parfois eu des découvertes exceptionnelles. Par exemple, en Belgique, un troupeau entier d'iguanodons a été retrouvé tout à fait par hasard au fond d'une mine.

Est-ce qu'on trouve encore de nouveaux dinosaures aujourd'hui ?

Oui, les paléontologues font régulièrement de nouvelles découvertes. Ils fouillent aux quatre coins du monde. Ils ont trouvé le vélociraptor en Mongolie, le brachiosaure en Afrique, l'ampélosaure en France…

À quoi sert d'étudier ces fossiles ?

Cela nous permet de mieux comprendre comment vivaient les dinosaures. Et comment ils ont disparu, il y a 65 millions d'années. Mais ça n'est pas facile, car les fossiles retrouvés forment un peu comme un puzzle qu'il faut patiemment reconstituer.

Mon roman-photo

Le chantier **de fouilles**

Les paléontologues sont les spécialistes des fossiles. Ils cherchent des restes de dinosaures dans le monde entier. Il faut beaucoup de patience pour faire une découverte intéressante. De retour dans leur laboratoire, ils étudient leurs trouvailles.

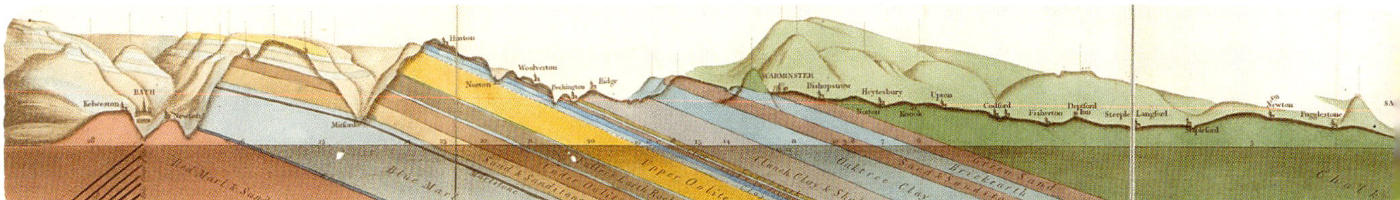

Les paléontologues cherchent les fossiles (os, œufs, empreintes, crottes…) de dinosaures dans les roches datant de leur époque : Trias, Jurassique ou Crétacé.

Ils étudient aussi la nature des roches : les dinosaures se trouvent plutôt dans l'argile ou le sable.

Les fossiles se trouvent souvent à la surface. Sinon on utilise une pelle mécanique pour les dégager.

Puis les paléontologues utilisent la pelle et la pioche…

… et des outils de plus en plus précis comme un burin, un grattoir et une brosse dure pour fouiller la roche en douceur.

Parfois, ils emportent un gros bloc contenant le fossile. Ils l'extrairont ensuite au laboratoire.

Mais avant que le fossile ne soit entièrement dégagé, un dessinateur le situe sur un plan pour bien se souvenir de sa position sur le terrain.

Le fossile est délicatement brossé et ses parties fragiles sont enduites de colle : elle pénètre à l'intérieur pour le consolider.

Sur le chantier, travaillent le paléontologue mais aussi un spécialiste du sol, le géologue, et un spécialiste de la végétation, le paléobotaniste.

Les morceaux du fossile sont emportés dans des boîtes, les plus gros enveloppés dans une coque de plâtre.

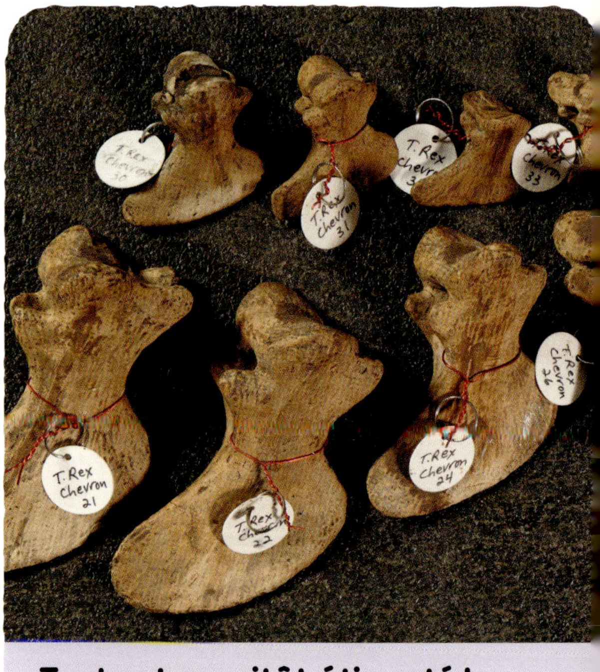

Tout est aussitôt étiqueté !
Ces informations sont précieuses, car les fossiles sont souvent éparpillés dans les laboratoires du monde entier.

Le plâtre est sec. Le fossile peut prendre le chemin du laboratoire.

Il faut maintenant se documenter pour identifier la découverte. Ce fossile ressemble-t-il à quelque chose de connu ? Non ?

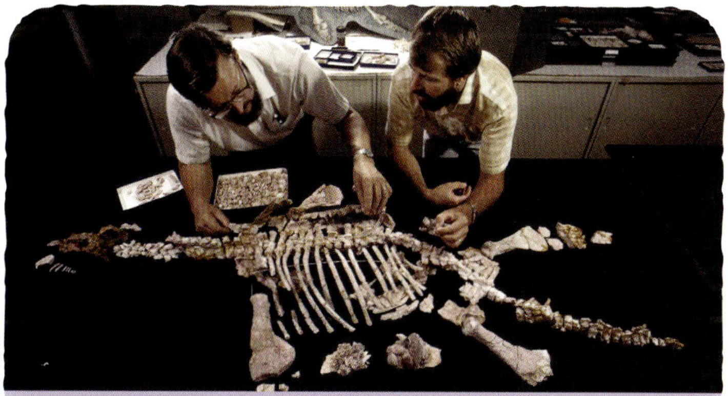

Les paléontologues doivent alors lui trouver un nom ! Ils donnent souvent celui du découvreur ou du lieu de la découverte.

Une fois nettoyés et étudiés, les plus beaux fossiles sont exposés au musée pour que le public puisse en profiter.

Petit comme une souris ?
On a longtemps cru que le mussaure était le plus petit dinosaure connu, mais le premier fossile trouvé était en fait celui d'un nouveau-né.

Kaléidoscope

Fossiles du monde entier

Les fossiles sont des restes d'animaux (ou de végétaux) ou les traces qu'ils ont laissées, comme leurs empreintes ou leurs crottes. Les paléontologues découvrent rarement un fossile entier. C'est souvent à partir d'os isolés qu'ils reconstituent le squelette d'un dinosaure. Un peu comme un puzzle…

Dans la famille tricératops…
Trois squelettes de tricératops ont été découverts ensemble aux États-Unis. C'est la première fois que les savants trouvent une famille entière !

Histoire d'os

Voici un fémur, un os de la cuisse. Le plus long a été découvert en France en 2010. Il est plus grand qu'un homme.

« Vieille aile »

C'est le surnom de l'archéoptéryx, l'oiseau le plus ancien. Un des tout premiers fossiles, découvert en Allemagne, était une simple plume.

À pas de géant

On a découvert des empreintes de pas géantes fossilisées dans le monde entier. Elles appartiennent à des sauropodes, dont le nom signifie « pied de lézard ».

Mon album

Au musée

Les fossiles découverts par les paléontologues doivent être nettoyés et préparés avant d'être présentés dans les musées.

Morceaux brisés, pièces manquantes : il faut souvent réparer les fossiles avant de pouvoir les exposer.

On fabrique des copies des squelettes les plus remarquables. Ainsi, ils peuvent être étudiés et exposés dans des musées différents.

Os du bras? De la jambe?

Les paléontologues reconstituent les squelettes. Il ne faut pas se tromper...

Pas question de dévoiler un nouveau fossile au public sans le pomponner. Hop! Un petit coup d'aspirateur!

Attention!

Pour exposer les dinosaures, le plafond doit être assez haut!

Rends-toi au Muséum d'histoire naturelle de Paris.
Tu y croiseras des diplodocus, des allosaures, des tricératops…

Le muséum de Berlin possède le plus grand squelette monté du monde : c'est un brachiosaure de 13,27 mètres de haut.

Même s'il porte le prénom de Sue, pas sûr que l'extraordinaire squelette de tyrannosaure exposé au muséum de Chicago soit une fille...

Grâce aux fossiles, on peut se rendre compte de la taille gigantesque de certains dinosaures.

Beaucoup de parcs proposent des reconstitutions de dinosaures plus ou moins réalistes... mais toujours spectaculaires !

L'index

Illustrations

ADRIEN MENIELLE : p. 6-7, 8, 12-13, 14, 15, 20-21, 24-25, 26-27, 28-29, 30-31, 36-37, 40-41. **FLORENCE DELLERIE :** p. 16-17, 18-19, 22-23, 32-33, 38-39. **MAXIMILIANO LUCHINI :** mascottes, p. 2-3, 4-5, 6-7, 9, 42-45, 52, 53, 60-61. **ANNE EYDOUX :** p. 14 (bg).

Crédit photographique

BIOS : M. Lefèvre : 4e de couverture ; Natural History Museum London / Science Photo Library : p. 19 (md), 32 (md) ; Natural History Museum of London : p. 20 (hg), 27 (bd), 32 (hg), 33 (d), 50 (bg) ; F. Gohier : p. 27 (md) ; M. & P. Fogden/Minden Pictures : p. 44 (bg) ; P. Scoones/Science Photo Library : p. 45 (hd) ; V. Habbick Visions/Science Photo Library : p. 47 (hg) ; R. Novosti/Science Photo Library : p. 47 (hm) ; M. Lefèvre : p. 47 (hd) ; P. D. Stewart / Science Photo Library : p. 48 (hg) ; V. Steger/Science Photo Library : p. 52 (bd); M. Gunther : p. 55 (h) ; J. Cancalosi : p. 55 (bd) ; G. Martin : p. 56 (h). **CORBIS :** L. Calvetti : couverture (tricératops) ; M. Stevenson : couverture (végétation) ; J. Tucciarone : couverture (troodon) ; Ocean : p. 19 (hd) ; S. Krasovskiy/Stocktrek Images : p. 24-25, 28 (hg) ; L. Psihoyos : p. 49 (d), 54 (hg), 55 (bg), 56 (b), 57 (hd, mg) ; C. Goldin/Latin Stock : p. 50 (mg) ; D. Vo Trung/Sygma : p. 51 (hg) ; D. Dutheil/Sygma : p. 51 (b) ; D. Vo Trung : 53 (md) ; DK Limited : p. 57 (b); O. BERG/epa : p. 59 (m). **GETTY :** Sergey Krasovskiy/Stocktrek Images : couverture (T.rex, oiseau) ; De Agostini Picture Library : couverture (diplodocus) ; J. B. Carnett : p. 16 (mg) ; E. Miller : p. 16 (b) ; De Agostini : p. 19 (bd), 20 (bg); National Geographic : p. 27 (hd) ; Visuals Unlimited : p. 45 (bd) ; Getty : p. 48 (d) ; Hulton Archive : p. 49 (hg). **ISTOCK :** leonello : p. 20 (mg); Nocturnus : p. 30 (bd) ; LifesizeImages : p. 38 ; WebSubstance : p. 44 (hg) ; tacojim : p. 52 (hd). **PHOTONONSTOP :** Mauritius : couverture (crâne) ; L.Calvetti/Science Photo Library : p. 17 (b); Encyclopaedia Britannica/UIG : p. 28 (bd) ; Design Pics : p. 53 (b) ; N. Michalke/F1 Online : p. 58 (b) ; S. Visalli/Tips : p. 59 (h) ; P. Langer/Design Pics : p. 59 (b). **AFP**/T. Boyle : p. 33 (bg). **COSMOS**/P. Menzel : p. 53 (hd). **MNHN**/P. LAFAITE : p. 58 (h). **SUPERSTOCK**/Stocktrek Images : p. 28 (md). **NATACHA SCHEIDHAUER :** p. 13 (b). **WIKIPEDIA COMMONS**/Chhe (talk) : p. 45 (mg). **MUSÉE ESPÉRAZA :** p. 50 (bd), 51 (hd, md), 52 (hg, bg), 53 (hg). **NATURAL BIODIVERSITY CENTER**/E. Herberts : p. 54 (bg).

10 centimètres de diamètre

On pourrait glisser des boules de pétanque à la place des yeux de l'ichtyosaure ophtalmosaure.

100 000 calories

Un sauropode a besoin de 50 fois plus de calories (l'énergie fournie par la nourriture) qu'un homme !

Près de 1 000 dents

Les hadrosaures ont exactement 960 dents !

150 grammes

Les plus petits dinosaures, comme l'épidexiptéryx, ne pèsent pas plus qu'un pigeon.

3 mètres de long

Le pentacératops a la grosse tête : son crâne mesure un tiers de son corps à lui tout seul.